Kultus-mysteriöse Satire

Für Jonathan

und viel Spaß!

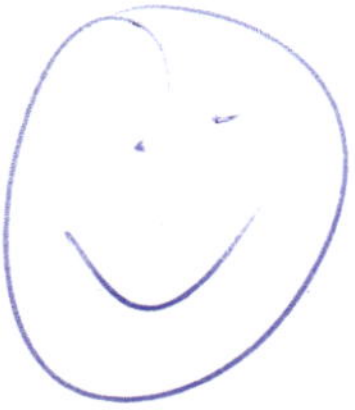

Schule könnte so schön sein, wenn es keine Lehrer, Eltern, Schüler oder Bildungspolitiker gäbe.

Dieses Buch sei all denjenigen gewidmet,
die es auch hätten schreiben können.

Magister Tiefschlag

Kultus-mysteriöse Satire

Pressemeldungen aus Untiefen
des ehemaligen Bildungswesens

© 2015 Magister Tiefschlag

Herstellung und Verlag:
BoD – Books on Demand, Norderstedt
ISBN 978-3-7386-0271-5

Bibliografische Information der Deutschen Nationalbibliothek

Die Deutsche Nationalbibliothek verzeichnet diese Publikation in der Deutschen Nationalbibliografie; detaillierte bibliografische Daten sind im Internet über www.dnb.de abrufbar.

MIX
Papier aus verantwortungsvollen Quellen
Paper from responsible sources
FSC® C105338

Inhalt

Eine Art Vorwort 7

Pressemeldungen 9

Erkenntnisse 35

Eilmeldungen 39

Gesundheit! 43

Mia san mia! 49

Berichte aus der Kultusministerkonferenz 59

Das Letzte 65

Eine Art Vorwort

Irgendjemand hat einmal behauptet, die Mode sei so hässlich, dass sie zweimal pro Jahr geändert werden müsse. Man kann den Eindruck gewinnen, im deutschen (Un)Bildungs(un)wesen sei es ganz ähnlich. Keine Schule kann so gut sein, dass sie nicht dauernd reformiert werden muss. Was an Lebenszeit für die Entwicklung von Konzepten, Tätigkeiten in „Arbeitsgruppen", das Erstellen von heute gaaaaaanz wichtigen und morgen völlig überholten Flipcharts verschwendet wird, geht auf keinerlei Kuhhaut mehr. Aber was soll's? Hauptsache, man kann den Elterinnen und Eltern suggerieren, man habe das Problem erkannt und bemühe sich um eine – natürlich dann wieder reformbedürftige – Lösung. Diese geradezu zum Ritual erstarrte Verhaltensweise lieferte den meisten Stoff für dieses Büchlein, von dem ich ganz unbescheiden befürchte, dass es viele Folgebände erleben wird, weil einfach das Material nie ausgeht. Solange es das Schul- und das Bildungswesen gibt – man beachte die feinsinnige Differenzierung! –, wird es auch Satire als einzig konstruktive Möglichkeit geben, damit umzugehen und darin zu überleben.

Neben den scham- und ahnungslosen Bildungspolitiker(inne)n aller möglichen und unmöglichen Regierungen gilt mein herzlicher und ungeheuchelter Dank meinem Kollegium und meinen zahllosen Schülerinnen und Schülern, darunter besonders denen, die niemals ein Gymnasium von innen hätten sehen dürfen.

Und nun viel Spaß...

Nürnberg, im Juli 2015

Magister Tiefschlag

Pressemeldungen

Alle „Pressemeldungen" in diesem Buch sind erstunken und erlogen.

Noch...

Leistungsdruck ade!

Nach neuesten Überlegungen sollen die Übertrittszeugnisse der Grundschulen abgeschafft werden, um lernschwache Schüler nicht zu diskriminieren. Für den Übertritt an eine weiterführende Schule soll allein das Ergebnis eines Gesprächs zwischen Grundschullehrkraft und Eltern ausschlaggebend sein. Wie jedoch verfahren werden soll, wenn Eltern oder Erziehungsberechtigte nicht erreichbar, auffindbar oder bekannt sind, wird derzeit noch intern diskutiert.

Migranten statt Pädagogen!

Laut einer neuen Bekanntmachung des Kultusministeriums sollen zur Verbesserung der Sprachkompetenz von Grundschülern mit Deutsch als Muttersprache türkischstämmige Jugendliche als Mentoren in die Grundschulen entsandt werden. Dort sollen diese dann den Schülern der ersten beiden Klassen die Kompetenz zum Interpretieren von altersgemäßen Bilderbüchern beibringen.

Deutsch als Fremdsprache

Ab dem Schuljahr 2015/16 soll es in der gymnasialen Oberstufe Deutsch als fakultativ passiv-rezeptive Fremdsprache geben. Gedacht ist an Kurse für Jugendliche mit besonderem sprachlichen Förderbedarf; das Ministerium rechnet mit ca. zwei Dritteln eines Jahrgangs. Die entsprechende Abiturprüfung könnte – in Zusammenarbeit mit dem Fach Kunst – darin bestehen, vorgegebene deutschsprachige Comics sachlich angemessen farblich abstrakt zu gestalten.

༄༅

Glaube keiner Statistik...

Der Direktor des Trautenkirchener Möchtegern-Gymnasiums ist überraschend in den vorzeitigen Ruhestand versetzt worden. Offiziell ist von gesundheitlichen Problemen die Rede. Hinter vorgehaltener Hand hörte man jedoch Gerüchte, der Schulleiter habe sich Anweisungen des Ministeriums widersetzt, durch angepasste Bewertungsmaßstäbe bei schriftlichen Schülerarbeiten für eine geringere Durchfallerquote zu sorgen.

Erziehung ist ein Staatsakt!

Die Vorsitzende der Landeselternvereinigung hat Äußerungen des Präsidenten der Hochschul-Rektorenkonferenz empört zurückgewiesen, wonach Eltern die maßgebliche Verantwortung für die Erziehung ihrer Kinder trügen. Dies sei ausschließlich Sache von Betreuungseinrichtungen sowie der Schulen. Sie stelle sich die Frage, ob die Universitäten schon im 21. Jahrhundert angekommen seien. Den Verweis auf Artikel 126 (1) der bayerischen Verfassung lehnte sie als überholt ab. Der Vorsitzende des bayerischen Philologenverbandes konterte, die Bevölkerung des Gymnasiums mit überwiegend nicht gymnasial geeigneten Schülern verstoße ihrerseits wiederum gegen Art. 128 der bayerischen Verfassung, wonach jeder Bewohner Bayerns das Recht habe, eine "seinen erkennbaren Fähigkeiten und seiner inneren Berufung entsprechende Ausbildung zu erhalten". Kultusminister Peinle versuchte, den Streit dadurch zu entschärfen, dass er betonte, jedes Kind in Bayern bekomme seine optimale Förderung – von wem auch immer.

Weg mit Wissen!

Der Vorsitzende des Lehrerverbandes attackierte erneut das Kultusministerium wegen des angeblich noch immer überfrachteten gymnasialen Lehrplanes. Als Beispiel nannte er das Fach Mathematik. Es müsse genügen, dass die Schüler eines Gymnasiums wüssten, dass es Formeln gebe; ein Auswendiglernen oder gar Anwenden von Formeln sei in Zeiten von Computern und programmierbaren Taschenrechnern pädagogisch sinnlos.

Gerechtigkeit auf höchstem Niveau

Die bayerischen Musiklehrer haben ein lange verfolgtes Ziel erreicht. Künftig sind sie nicht mehr mit den Kunst- und Sportlehrern die einzigen Pädagogen, die 27 statt 23 Wochenstunden unterrichten müssen. Das Vollzeit-Deputat der anderen Lehrkräfte wurde ebenfalls auf 27 Stunden angehoben, ein "Schritt zur Gleichbehandlung aller Gymnasialpädagogen", wie Kultusminister Peinle hervorhob.

Religiöse Neutralität benachteiligt Religionen

Vor dem Verwaltungsgericht München ist ein Mann mit einer Klage gegen kahle Klassenzimmerwände gescheitert. Der 47jährige, der sich selbst als überzeugten Christen bezeichnete, sieht in der Entfernung religiöser Symbole aus den Klassenzimmern eine einseitige Bevorzugung des Atheismus. Sein Anwalt hat Berufung angekündigt.

Eindeutig zweideutig

Aufregung an einem Nürnberger Gymnasium: Der dortige Musiklehrer hatte bei dem Versuch, die verschiedenen Formen von Dreiklängen zu vermitteln, das Wort "Grundstellung" verwendet, was ihm postwendend eine Anzeige wegen sexueller Belästigung schutzbefohlener Minderjähriger einbrachte. Der Lehrer ist bis auf weiteres vom Dienst suspendiert. Angeblich ist der 44jährige bereits früher durch ähnliche Zweideutigkeiten aufgefallen. So soll er zur Verdeutlichung des Resonanzphänomens eine elastische Spirale, wie es sie als Kinderspielzeug gibt, auf einem Besenstiel rhythmisch hin und her bewegt haben, was ebenfalls zu Missverständnissen geführt habe.

Bis zur Unkenntlichkeit

Der Bundesdatenschutzbeauftragte hat in einem Interview Bedenken geäußert, ob es zulässig sei, dass Schülerinnen und Schüler ihre schriftlichen Leistungsnachweise mit eigener Handschrift anfertigen und mit eigenem Namen versehen müssen. Seiner Auffassung nach ermögliche dies, einzelne Arbeiten bestimmten Schülern zuzuordnen. Auch sei es bei namentlich gekennzeichneten Arbeiten möglich, dass Schüler mit ausländisch klingendem Namen gezielt benachteiligt würden. Er regte an, schriftliche Leistungsnachweise anonymisiert per Laptop anzufertigen. Eine Beaufsichtigung der Klasse während der Arbeit lehnte er mit dem Hinweis ab, dies könne als Verletzung von Persönlichkeitsrechten und Kriminalisierung von Kindern gewertet werden; immerhin stelle bereits das Vorhandensein einer Aufsicht die Klasse unter generellen Betrugsverdacht.

Zarte Kinderseelen

Aus pädagogischen Gründen soll es künftig möglich sein, das Abitur auch dann zu bestehen, wenn in einem oder mehreren Abiturfächern null Punkte oder weniger erzielt wurden. Diese Maßnahme diene auch zur Entlastung des Kollegiums von den fakultativen mündlichen Abiturprüfungen.

Konsequent flexibel

Wie das Kultusministerium heute bekanntgab, soll ab dem kommenden Schuljahr die "gymnasiale Schulordnung" (GSO) nur noch online verfügbar sein. Dies ermögliche ein schnelleres Reagieren auf aktuelle bildungspolitische Entwicklungen und schone Umweltressourcen. Die Bedenken des Philologenverbandes, es könne möglicherweise eine Verunsicherung unter den Gymnasialpädagogen eintreten, welche Rechtsnorm nun in welcher Schulwoche gelten solle, entkräftete Kultusminister Peinle mit dem Hinweis auf die bewährte konstruktive Flexibilität der bayerischen Gymnasiallehrkräfte.

Abitur für alle und die Folgen...

Die Hochschulrektorenkonferenz hat in einer Sondersitzung die Einsetzung einer Arbeitsgruppe beschlossen, welche die sprunghaft gestiegene Suizidquote unter den vorwiegend in den unteren Semestern eingesetzten Dozenten aufklären soll. Erste Ergebnisse werden in wenigen Jahren erwartet.

Demokratisierung von Bildung – jetzt!

Am Augsburger Pimpelpampelaneum, einer traditionell pädagogisch innovativen Bildungsinstitution, sind die Schülerinnen und Schüler des P-Seminars "Lehrplangestaltung" von Kultusminister Peinle mit dem begehrten "goldenen Heißluftballon" ausgezeichnet worden. In der eigens anberaumten Feierstunde begrüßte er ausdrücklich den Ansatz der Jugendlichen, die Lehrpläne der Unter- und Mittelstufe von Schülern der Oberstufe jährlich neu gestalten zu lassen. Dies rege zur kreativen Verarbeitung des Gelernten an und trage dazu bei, die Schüler unterer Klassen besser in den Bildungsprozess zu integrieren. Der Leiter des P-Seminars, der ebenfalls ausgezeichnet wurde, kündigte daraufhin an, dass künftig Abituraufgaben für den Pool des Ministeriums auch im Rahmen eines Seminars erarbeitet werden könnten. Das Ministerium prüft diesen Vorstoß derzeit.

Neue Spitzenposition

Am bereits preisgekrönten Augsburger Pimpelpampelaneum – *wir berichteten* – wurde erstmals eine Funktionsstelle der Besoldungsgruppe A 17 eingerichtet. Der Stelleninhaber ist vom Unterricht freigestellt, musste sich jedoch bereit erklären, jede im Schulbetrieb anfallende Schuld auf sich zu nehmen.

Keine Konzentration auf die Arbeit

Neuesten Meldungen des Kultusministeriums zufolge sollen die Pläne für ein verpflichtendes Zölibat für Lehrkräfte vorerst nicht weiter verfolgt werden. Progressive Kreise hatten argumentiert, das Privatleben von Lehrkräften mit Familie binde zu viele Ressourcen, sodass die betreffenden Kolleginnen und Kollegen nicht mehr so belastbar seien wie ohne Familie. Möglicherweise ist hier jedoch abzuwarten, ob das Ministerium diese Überlegungen nicht nach der nächsten Landtagswahl wieder aufgreift. Wir berichten wieder darüber.

Gender-Maintreaming-Dienst

Aufgrund verschärfter Jugendschutzbestimmungen sollen Lehrkräfte künftig nicht nur zur weltanschaulichen, sondern auch zur sexuellen Neutralität in Schule und Privatleben verpflichtet werden. Die Diskussion über die praktische Umsetzung dauert jedoch noch an.

Endlich eine praxisnahe Lehrerausbildung!

Unbestätigten Pressemeldungen zufolge soll es im Kultusministerium Überlegungen hinsichtlich einer Reform der universitären Lehrerausbildung geben. Statt Fachdidaktik sollen künftig Sozial- und Sonderpädagogik sowie Jura und Psychologie mit jeweils vier Semestern in das Studium integriert werden. Das Höchstalter für die Aufnahme in das Referendariat werde auf 50 Jahre angehoben, das Referendariat selbst sei mindestens zur Hälfte in einer auf Schulrecht spezialisierten Anwaltskanzlei oder bei einem Verwaltungsgericht abzuleisten. Vom Ministerium war bislang keine Stellungnahme zu erhalten.

Grundkompetenzen I

Nach Überlegungen des Philologenverbandes sollten Seminararbeiten, die vollständig abgeschrieben, also plagiiert, wurden, nicht mehr zur Nichtzulassung zum Abitur führen. Immerhin sei das korrekte Abschreiben mittlerweile keine selbstverständliche Fähigkeit mehr. Auch das Beherrschen des Copy-and-paste-Verfahrens, das sich bei der Verwendung von Internetressourcen bewährt habe, sei entsprechend zu würdigen. Das Ministerium äußerte sich bislang zurückhaltend.

Dem Volk aufs Maul geschaut

Bei der Jahrestagung der Deutsch-Fachbetreuer wurde die Forderung nach Abschaffung von Präpositionen kontrovers diskutiert. Konservative und progressive Lager standen einander unversöhnlich gegenüber. Es ging im Wesentlichen um die Frage, ob Formulierungen wie "Ich gehe Bahnhof" oder "Warst du Aldi?" künftig noch als fehlerhaft gelten sollten oder nicht. Einigkeit bestand lediglich darin, finite Verben in der Funktion eines Prädikates weiterhin zumindest ab der Mittelstufe als erforderlich anzusehen.

Endlich sind alle Schüler gleich gut...

Der Berliner Schulsenator kündigte die Abschaffung sämtlicher benoteter Leistungsnachweise an. Allein die Möglichkeit, schlechte Noten zu bekommen, demotiviere Kinder, führe zu Schulangst, Traumatisierungen und damit zu langfristigen volkswirtschaftlichen Schäden in Milliardenhöhe. Die Elternbeiratsvorsitzende des Hauptmann-von-Köpenick-Gymnasiums Pankow äußerte sich in einem BR-Interview positiv zu diesen Ansätzen, denn immerhin würden Eltern guter Schüler finanziell dadurch entlastet, dass sie keine Belohnungen für gute Leistungen mehr kaufen müssten. Der Bad Hersfelder Bildungsforscher Michael Stumpfer äußerte hierzu, man müsse sich dennoch überlegen, wie man Leistungen objektiv fördern könne. Der Berliner Schulsenator reagierte prompt und sprach in einem Beitrag für die "taz" von "einer Einzelmeinung eines rückständigen Professors".

༺☙❧༻

Die evangelische Akademie Patzing hat in einem jüngst veröffentlichten Bulletin gefordert, im konfessionellen Religionsunterricht sämtliche identitätsstiftenden Inhalte der jeweiligen Glaubensrichtung zu tilgen. Verständnis und Toleranz für andere Religionen seien nur möglich, wenn man selbst zwar einer Kirche angehöre, aber nicht mehr wisse, warum eigentlich.

Grundkompetenzen II

Die bayerische Handwerkskammer machte unlängst in einer Stellungnahme für die „Ipsheimer Neue Presse" ihrer Verwunderung darüber Luft, dass Absolventen von Universitäten aufgrund mangelhafter Lese-. Rechtschreib- und Rechenkenntnisse nicht ausbildungsfähig seien. Das Kultusministerium reagierte prompt und stellt als ersten Schritt seit heute auf seiner Homepage Vorlagen für Bewerbungsschreiben zum Ausdrucken zur Verfügung, in welchen die jeweiligen Bewerber(innen) nur noch ihren Namen eintragen und die Ausprägung von fünf verschiedenen Kernkompetenzen auf einer Skala von eins bis drei ankreuzen müssten. Der Präsident der Handwerkskammer reagierte verhalten optimistisch und meinte, es bleibe noch abzuwarten, ob diese neue Bildungsoffensive für deutsche Hochschulabsolventen Früchte tragen werde.

Semi-Narr-Arbeiten...

Vor dem Verwaltungsgericht Mannheim-Neckartal Süd ist seit heute ein Gerichtsverfahren anhängig, das Präzedenzcharakter haben könnte. Im Verfahren geht es darum, ob ein Hochschulprofessor darauf bestehen könne, dass schriftliche Arbeiten auf Deutsch abgefasst sein müssten. Im konkreten Fall hatte ein Professor für die Annahme einer Seminararbeit eines deutschstämmigen Studenten mit der Begründung verweigert, sie sei aufgrund des kreativen Satzbaus nicht lesbar. Mit einem Urteil wird in frühestens sechs Monaten gerechnet, insgesamt sind achtzehn Verhandlungstage angesetzt.

Flexigraphie

Nach einer neuen Bekanntmachung des Kultusministeriums müssen Schulen jeweils zu Beginn eines neuen Schuljahres festlegen, ob, und wenn, welche Rechtschreibregeln bei schriftlichen Schülerarbeiten Anwendung finden sollen. Diese Maßnahme solle die Möglichkeiten zur eigenverantwortlichen Gestaltung des Schullebens erweitern. Beschlussfassendes Gremium ist der Elternbeirat; die Lehrerkonferenz kann dessen Entscheidung jedoch mit einer qualifizierten Mehrheit von fünf Vierteln kippen.

Digitale Verdummung

Der Einzelhandelsverband der deutschen Unterhaltungselektronikhersteller hat den Bad Hersfelder Neurologen und Hirnforscher Michael Stumpfer auf Schadensersatz in Milliardenhöhe verklagt. Zur Begründung hieß es, Stumpfer habe mit seinen jahrelangen Warnungen vor dem unkontrollierten Konsum von Bildschirmmedien durch Kinder und Jugendliche "erhebliche Absatzeinbußen" verursacht. Dessen Argumentation, allein durch den Verzicht auf Bildschirmmedien könne die Industrie auch morgen noch damit rechnen, Fachkräfte für deren Herstellung zu gewinnen, wurde als "nicht sachgerecht" zurückgewiesen.

Kauf dich Deutschbuch...

Im Zuge einer verzweifelten Aufklärungskampagne über die Eigenheiten der deutschen Sprache hat das P-Seminar "Untergegangene Sprachen" am Weidener Gotthilf-Fischer-Gymnasium ein Casting für die Wahl zur "Miss Verständnis" veranstaltet. Mehr als fünfzig Schülerinnen sollen sich beworben haben. Gesucht wurde jedoch nicht die schönste, sondern die sprachbegabteste Bewerberin. Als dies bekannt wurde, drohten Eltern mit Klage wegen Diskriminierung. Der Wettbewerb wurde ausgesetzt.

Grammatik-Missbrauch?

Der Bundesverband der Deutschlehrer hat in einem Beitrag für die Pädagogen-Zeitschrift "Der gewollte Untergang" den Sprachverfall durch das Eindringen anglizistischer Grammatik beklagt. Als Beispiele wurden die häufig falsche Verwendung des Apostroph's, des Plural-s' sowie die permanente Getrenntschreibung zusammengehöriger Substan Tiefe genannt. In einer ersten Reaktion konterte der Bildungs Politische Sprecher der grünen Bundestags Fraktion, auch die Pädagogen hätten zur Kenntnis zu nehmen, dass Sprache lebendig sei und sich nun eben wandle.

Bildung geht durch den Magen...irgendwohin

Der Koch einer Amberger Schulmensa hat zugegeben, jahrelang Schlafmohn in das Mittagessen für Schüler und Lehrer gemischt zu haben. Zu seiner Verteidigung gab er an, er habe lediglich die Stimmung an der Schule heben sowie den Lehrern und Schülern die Illusion gymnasialer Eignung bewahren wollen.

Blasenbildung I

In einer Heilbronner Hauptschule ist ein Siebtklässler mit der goldenen Blase ausgezeichnet worden. Der Schüler musste im vergangenen Schuljahr so häufig während des Unterrichtes auf die Toilette, dass die aufsummierte Fehlzeit in etwa der gesamten Unterrichtszeit des Schuljahres entsprach.

Asiatische Innovationskultur

Der japanische Ministerpräsident Un Bil-Dung hat bei seinem Deutschlandbesuch angeboten, die Aktienmehrheit am deutschen Bildungssystem zu erwerben. Bildungspolitiker aller Parteien äußerten sich interessiert, schließlich stehe die asiatische Mentalität für Fleiß, Disziplin und große Leistungsbereitschaft. Ob allerdings von deutscher Seite die japanische Bedingung akzeptiert wird, dass die fertig ausgebildeten Fachkräfte dann im Gegenzug mindestens zehn Jahre in japanischen Unternehmen oder Universitäten arbeiten müssten, soll in weiteren Gesprächen geklärt werden.

Rationalisierung

Zur Vereinfachung von Fachsitzungen dürfen die jeweiligen Protokollanten die Niederschrift nach Absprache mit dem jeweiligen Fachbetreuer bereits mehrere Wochen vor der Fachsitzung anfertigen. Das Protokoll kann dann im Umlaufverfahren von den Fachschaftsmitgliedern ergänzt oder modifiziert werden. Der Fachbetreuer muss dann nur noch darauf achten, dass die eigentliche Fachsitzung dann auch so verläuft, wie es vom Protokoll vorgegeben ist. Sollte sich diese Vorgehensweise bewähren, so das Ministerium, hätte sie Modellcharakter auch für Lehrerkonferenzen.

Mangelnde Linientreue

Der Verband deutscher Schulmusiker hat Elternforderungen widersprochen, wonach das Notenlesen aus dem Lehrplan generell gestrichen werden solle. In Fremdsprachen würden schließlich auch Grammatik und Vokabeln gefordert, so der Verbandspräsident. Elternvertreter wiesen diese Reaktion als "spießig", "reaktionär" und "überzogen" zurück. Möglicherweise deutet sich in der Verwendung drei- statt wie bisher fünfzeiliger Notensysteme ein Kompromiss an.

Das Rechthabegebot

Mit einem skurrilen Urteil endete in zweiter Instanz ein Prozess vor dem Münchner Oberverwaltungsgericht. Eine Mutter hatte die Schule ihrer Tochter verklagt, weil diese ihr das Vorrücken auf Probe in die elfte Jahrgangsstufe versagt hatte. Der Tochter, die mittlerweile an einer anderen Schule längst das Abitur bestanden hat, wird dieses nun aberkannt, da der Tatbestand zum Zeitpunkt der Klage maßgeblich sei. Die besagte Tochter muss nun zurück an ihre alte Schule und dort die Jahrgangsstufen zehn bis zwölf erneut durchlaufen.

Fehlerhafte Terminologie

Zu einem Eklat ist es gestern während einer Feierstunde aus Anlass des 287-jährigen Jubiläums des bayerischen Syphilologenverbandes gekommen. Dessen Präsident hatte in seiner Festrede den amtierenden Kultusminister als "Oberkommandierenden der Lehrmacht" bezeichnet. Was als Scherz gemeint war, endete noch im Saal mit dem Rücktritt des Präsidenten.

Meinungsfreiheit

Eine achtjährige Grundschülerin wurde unlängst der Schule verwiesen, weil sie in einer Schultoilette randaliert und dabei mehrere Türen herausgebrochen sowie Toilettenschüsseln zerstört habe. Die Mutter der Schülerin zeigte sich erbost über die Reaktion der Schule und argumentierte, ihre Tochter habe das Recht, jederzeit ihre Frustration und Aggression der Umwelt begreiflich zu machen. Sie erstattete Anzeige gegen die örtliche Schulleiterin wegen Verstoßes gegen die Freiheit der Meinungsäußerung.

Blasenbildung II

Ein Münchner Englischlehrer hält wegen gehäuft auftretender Blasenschwäche seiner Schüler seine Unterrichtsstunden seit einigen Wochen ausschließlich im Vorraum der Schultoilette ab. Mittlerweile konnten Mitarbeiter des Herbert-Bäcker-Institutes für Doofenkrankheiten den Erreger Diurethria pestis scholaris bei den Jugendlichen nachweisen. Vermutet wird, dass der Erreger in jedem Kind nach der Einschulung latent vorhanden ist, die Krankheit jedoch nur bei mentalen Karenzphasen oder didaktisch retardierenden Momenten ausbricht.

Ehrenrettung für Edelhölzer

Der Vorsitzende der baden-württembergischen Handwerkskammer hat sich besorgt über die Verwendung des Wortes "Vollpfosten" als Bezeichnung für unbegabte Schüler geäußert. Dies diskriminiere die Holzwirtschaft. Bei Vollpfosten handele es sich um feinjährige Qualitätsware, die mit menschlichem Nachwuchs nicht zu vergleichen sei.

Autarke Energieversorgung

Mitarbeitern der physikalisch-technischen Bundesanstalt in Braunschweig ist erstmals die autarke Versorgung einer Schulsporthalle mit elektrischer Energie gelungen. Zu diesem Zweck wurden Wände, Decke und Boden der Halle mit piezoelektrischer Folie ausgekleidet, sodass sowohl Tritt- als auch Schallenergie direkt in elektrische Energie umgewandelt werden konnten. Die bei einer durchschnittlichen Gruppe von dreißig männlichen Sechstklässlern entstehende elektrische Leistung reiche demnach aus, um die vorgesehene Beleuchtung der Halle vollständig zu betreiben. Weitere Tests sollen an Lärmschutzwänden von stark befahrenen Autobahnen erfolgen.

Kompetenz zum Kompetenzerwerb

Aufregung an einer Mainzer Grundschule: Von den 26 ABC-Schützen kamen am ersten Unterrichtstag lediglich fünf pünktlich zur Schule. Die anderen tauchten dann erst im Laufe des Vormittags allmählich auf. Des Rätsels Lösung: Die Eltern hatten sich an die Empfehlung der Schule gehalten, den Schulweg nicht mit den Kindern zu üben, sondern die Kinder beim Erwerb der Kompetenz, den Schulweg selber zu finden, zu unterstützen.

Not macht erfinderisch

Neuer PISA-Schock: Mehr als 80 % der deutschen Abiturienten scheiterten dieses Jahr bei der Aufgabe "Wiederholen Sie die obige Fragestellung mit eigenen Worten". Dies deute auf erschreckend geringes Textverständnis hin. In Brüssel ist man auf diese Kandidaten jedoch aufmerksam geworden: Diskutiert wird, ob nicht einige dieser Jugendlichen in die transatlantischen Verhandlungen mit beratender Stimme einbezogen werden sollten.

Geldsorgen

Eine kreative Lösung für die Schulfinanzierung hat sich ein Privatgymnasium auf einer Nordseeinsel einfallen lassen. In der Oberstufe werden die Plätze in den Kursen und Seminaren beliebter Lehrer im Internet versteigert. Die Lehrkräfte erhalten einen zehnprozentigen Anteil am Versteigerungserlös als Leistungsprämie. Allerdings wurden bereits Befürchtungen laut, beliebte Lehrkräfte könnten diesen unverhofften Geldsegen für ein frühzeitiges Ausscheiden aus dem Dienst nutzen. Gegner werfen der Schulleitung soziale Auslese vor. Diese konterte wiederum, wer sich das Schulgeld leisten könne, gehöre nicht von vornherein der sozialen Unterschicht an. Über die Versteigerungserlöse wurde nichts bekannt; hinter vorgehaltener Hand wurden fünfstellige Summen genannt. Wir berichten wieder.

Erkenntnisse

Bildungs- und Familienpolitik gehören eng zusammen. Nachdem die beste Familienpolitik derzeit die ist, die ermöglicht, dass Familie möglichst wenig stattfinden kann, folgt für die Bildungspolitik...?

୧୨∽୧୨

Lehrer sind meist ältere Menschen, die ohne eigenen Willen, ohne über Sinn, Inhalt und Rahmenbedingungen ihrer Tätigkeit nachzudenken, klaglos jede erdenkliche Zumutung hinnehmend, junge Menschen zu selbstständig und kritisch denkenden, mündigen und sich selbst reflektierenden Bürgern erziehen sollen.

୧୨∽୧୨

Bei schriftlichen Leistungsnachweisen ist es wie im richtigen Leben: Die meiste Beachtung finden die Antworten derer, die am wenigsten Ahnung haben.

Eilmeldungen

Schwachsinn aus dem Live-Ticker

+++++ *Eilmeldung* +++++

Der Zentralverband der deutschen Geograhielehrer hat es abgelehnt, bei Schülern, die ohne fremde Hilfe von der Schultoilette wieder zurück ins Klassenzimmer finden, von navigatorischer Hochbegabung zu sprechen. Auch die immer wieder geäußerte Forderung nach einer "Orientierungsstufe" sei anders gemeint gewesen.

+++++ *Eilmeldung* +++++

Barrack Obama und Wladimir Putin sind überraschend bei der Kultusministerkonferenz eingetroffen. Dem Vernehmen nach wollen sie in Erfahrung bringen, wie durch Schulzeitverkürzung, Doppelstundenprinzip, Inklusion und Ganztagsbetreuung sämtliche gesellschaftlichen Probleme innerhalb weniger Jahre gelöst werden könnten.

+++++ *Eilmeldung* +++++

Lehrerkonferenzen sollen künftig auch via Skype® möglich sein. Auf diesen Kompromiss verständigten sich das baden-württembergische Kultusministerium und der dortige Philologenverband. Damit sei ein Kompromiss zwischen Familienfreundlichkeit und der zunehmenden Anzahl von Lehrerkonferenzen gefunden worden. Dieser Kompromiss könne beispielhaft für andere Bundesländer werden, so das Ministerium.

+++++ *Eilmeldung* +++++

Düsteres Bild

Skandal: Ein 17-jähriger Abiturient will gegen die Bewertung seines schriftlichen Abiturs im Fach Geschichte gerichtlich vorgehen. Zur Begründung führte er an, die Aufgabenstellung "Skizzieren Sie die Außenpolitik Bismarcks" sei unzureichend bzw. missverständlich formuliert gewesen. Er habe nicht wissen können, dass er keine Zeichnung anfertigen solle.

Gesundheit!

Burnout als Chance

Mit einer genialen Idee sorgte das Münchner Institut für Lehrergesundheit für Furore: Künftig sollten alle Lehrkräfte mit Burnout-Syndrom einen Teil ihrer Unterrichtsverpflichtung durch das Abhalten von Fortbildungen zum Thema Lehrergesundheit ableisten können. Dies ermögliche einen konstruktiven Umgang mit dem eigenen psychischen Missempfinden und trage schon allein durch den regelmäßigen Kontakt mit weiteren Betroffenen zur Salutogenese bei.

Unheimliche Begegnung der „dritten Art"

Nach einer Umfrage des bayerischen Philologenverbandes ist die größte Angst der Gymnasialpädagogen, einmal in der Psychiatrie auf aktuelle oder ehemalige Schüler zu treffen. Der bpv-Vorsitzende Michael Pfeffer forderte daher, die einschlägigen Kliniken sollten verstärkt darauf achten, dass es nicht zu solchen Begegnungen kommen könne.

Selbsthilfe

In einer fränkischen Burnout-Klinik haben sich dort eingelieferte Lehrkräfte spontan zu einer Selbsthilfegruppe zusammengeschlossen. Aus Bettlaken gefertigte Transparente zeigen Aufschriften wie "Erzieht eure Kröten doch selber", "Alle kriegen Aufmerksamkeit, nur die Lehrer nicht" oder "SozPäds an die Front, weil der Lehrer es nicht konnt'". Sowohl Klinikleitung als auch Polizei ließen die Lehrkräfte gewähren; es handele sich um einen vielversprechenden autotherapeutischen Ansatz.

Lehrer-Doping

Eine Ingolstädter Mittelschullehrerin ist im Zuge einer Schleierfahndung mit zwei Kilogramm Marihuana im Gepäck festgenommen worden. Bei der Vernehmung gab sie an, die Droge zum gemeinschaftlichen Konsum im Lehrerkollegium beschafft zu haben. Namentlich nicht bekannte Mitglieder des besagten Kollegiums bestätigten gegenüber der Hallertauer Rundschau, dass sie seit Jahre regelmäßig Marihuana und Kokain konsumierten, da sie sonst den pädagogischen Herausforderungen nicht mehr gewachsen seien.

Selbstverteidigung

Eklat: Bei einer Lehrerfortbildung zum Thema "Gesunde Lehrer im kranken System – Ihr Beitrag zur gymnasialen Palliativpädagogik" wurden die Referenten mit unkorrigierten Exen und zerfetzten Schulordnungen beworfen. Als Auslöser des Tumultes gilt die Bemerkung eines Referenten, nicht die Schüler oder die Rahmenbedingungen seien das Problem, sondern der individuelle Umgang mit den Problemen.

Haushaltshilfe für Burnoutkranke

Im Zuge einer Anhörung im Haushaltsausschuss des bayerischen Landtages äußerte Finanzminister Südhofer Überlegungen, die Beihilfeberechtigung für Lehrkräfte an staatlichen Schulen zu streichen. Bereits die Pensionslasten seien durch Frühverrentungen wegen psychischer Krankheiten dermaßen gestiegen, dass ein ausgeglichener Haushalt nicht mehr zu gewährleisten sei. Südhofer bezifferte die zu erwartenden Mehrausgaben für die Beihilfe allein für Burnouterkrankungen bei Lehrkräften auf mehrere hundert Millionen jährlich.

Ausgetaktet

Ein Nürnberger Musikpädagoge wurde aus dem laufenden Unterricht in die geschlossene Psychiatrie eingeliefert. Sein Zustand sei besorgniserregend, so die Polizei. Der Mittvierziger sei in der Vergangenheit immer öfter hysterisch lachend durch Flure und Zimmer gelaufen, habe Schülern und Kollegen Hasenohren gezeigt und dazu wirre Lieder gesungen. Seiner Einweisung in die Psychiatrie habe er übrigens zugestimmt, da es langfristig wirtschaftlicher sei, die Normalen einzusperren anstelle der Gestörten.

„Kein Alkohol ist auch keine Lösung"...

Der Zentralverband deutscher Jugendsozialpädagogen hat vom Bundeswirtschaftsministerium eine Sondererlaubnis zur Herstellung von hochprozentigen Alkoholika zum dienstlichen Eigengebrauch erhalten. Diese Erlaubnis sei zunächst auf zehn Jahre befristet.

Mia san mia!

Bayerische Besonderheiten

Ausgezeichnet

Ein Nürnberger Gymnasium hat vom Kultusministerium den goldenen Heißluftballon 2015, die begehrteste Auszeichnung auf Landesebene im Bildungsbereich, erhalten. In der Laudatio würdigte Kultusminister Peinle das beispiellos erfolgreiche Bemühen des Gymnasiums bei der Umsetzung des Konzeptes "Mittelschule plus". Es sei gelungen, innerhalb weniger Jahre die Abiturientenquote auf etwa ein Drittel eines Fünftklassjahrganges herunterzufahren. Dadurch hätten sich wiederum die Ergebnisse der anderen zwei Drittel auf Mittel- und Realschulen so enorm verbessert, dass man von einem regelrechten Motivationsschub sprechen könne. Andere Gymnasien wollen nun nachziehen.

Zurück verwiesen

Die Landesschülervertreter haben dem bayerischen Kultusministerium einen symbolischen Verweis wegen wiederholt nicht gemachter Hausaufgaben erteilt. Das Ministerium wies dies als "billige Retourkutsche" zurück.

Amtshilfe für Schüler

Aus gut informierten Kreisen sickerte durch, dass das Kultusministerium überlegt, Deutschlehrkräfte zu verpflichten, die Seminararbeiten von Gymnasiasten vor der offiziellen Abgabe auf sprachliche Mängel zu prüfen und ggf. zu korrigieren. Der Verband der Deutschlehrer hat für diesen Fall einen Massenselbstmord auf dem Münchener Stachus angekündigt.

Ziellos

Eine gemeinsame Feierstunde bayerischer Bildungspolitiker mit der Landesschülervertretung im Münchner Maximilianeum wurde überraschend ohne Begründung kurzfristig abgesagt. Gerüchten zufolge habe ein Schülervertreter Kultusminister Peinle im Rahmen der Feierstunde ein als Witz gemeintes Navigationsgerät überreichen wollen, damit er künftig den schnellsten Weg zum Ziel finden könne. Kurz vor der Feierstunde sei den Schülervertretern jedoch bewusst geworden, dass hierfür erst einmal Klarheit über das Ziel herrschen müsse. Da dies als politische Provokation hätte verstanden werden können, sei auf die Feier gänzlich verzichtet worden.

Mittelstufe plus/ minus

Die Vorgabe, dass maximal ein Viertel der Schüler eines Jahrganges die künftige vier- statt dreijährige Mittelstufe an bayerischen Gymnasien durchlaufen dürfen sollen, hat bereits jetzt zu einem starken Leistungsabfall in den siebten Klassen geführt. Da die Schulen sich bei der Entscheidung, wer in den Genuss des vierten Jahres kommen solle, am "pädagogischen Bedarf" orientieren sollten, sei nun ein Wettbewerb entbrannt, wer von den Schülern den meisten pädagogischen Bedarf generieren könne. In einer ersten Reaktion auf diese neue Tendenz verlautete aus dem Kultusministerium, man überlege, das "Vorrücken auf Probe" von der siebten in die achte Jahrgangsstufe abzuschaffen.

„Grüß Gott" ade

Ratlosigkeit im bayerischen Kultusministerium: Der Europäische Gerichtshof für Menschenrechte hat das bayerische "Grüß Gott" mit sofortiger Wirkung verboten. Er folgte damit einer Klage des Deutschen Atheisten-Dachverbandes, der unter dem Motto "Gerechtigkeit für alle – kein Recht für die Mehrheit" geklagt hatte.

Ironischer Weise

Das bayerische Kultusministerium hat den diesjährigen Orden "wider den pflanzlichen Ernst" erhalten. Zur Begründung wurde die feinsinnige, subtile Selbstironie des Ministeriums angeführt. Diese werde unter anderem deutlich in Formulierungen wie "In der Jahrgangsstufe xy erwerben die Schüler folgendes Grundwissen" (Lehrplan) oder wer ans Gymnasium wolle, solle "wissbegierig sein und Freude am Entdecken haben; sich gut konzentrieren und lange bei einer Sache bleiben können; sprachgewandt sein und gern verzwickte Aufgaben lösen; eifrig, rasch und effizient lernen." (Homepage des Ministeriums)

Keine Lehrkraftzersetzung

Ein Bayreuther Geschichtslehrer ist mit seinem Versuch gescheitert, gegen seine Klassen strafrechtlich vorzugehen. Die Staatsanwaltschaft wies seine Anzeige mit der Begründung zurück, den aufgeführten Straftatbestand der "Lehrkraftzersetzung" gebe es nicht.

Neu: Das Flexi-Abi

Künftig soll es möglich sein, das Abitur auf Raten abzulegen. Schülerinnen und Schüler können sich am Ende des Ausbildungsabschnittes 12/1 entscheiden, in welchen der fünf Abiturfächer sie bereits im laufenden Schuljahr geprüft werden wollen. In den anderen Fächern haben sie noch ein weiteres Jahr Zeit. Dies sichere auch künftig die Qualität des bayerischen Abiturs, so Kultusminister Peinle, komme jedoch der Lebenswirklichkeit der jungen Erwachsenen entgegen. Das Ministerium habe sogar eine eigene App entwickelt, mit deren Hilfe die Jugendlichen mittels eines fünfminütigen Kurztests erfahren können, in welchem Fach sie noch ein Jahr "dranhängen" sollten und welche Punktzahl sie wahrscheinlich derzeit erreichen könnten.

Sprachwitz oder Schreibfehler?

Die Jahrestagung des bayerischen Philologenverbandes findet im kommenden Jahr unter Motto "Wir machen aus der Not eine Jugend" statt.

Flaschenzug

Auf wenig Gegenliebe bei Elternvertretern stieß die Idee des P-Seminars "Lebensmittelkonsum Jugendlicher" am Klosterbräu-Gymnasium Kulmbach, das für seine Abschlusspräsentation einen Sponsor gesucht hatte. Der betreffende Getränkehersteller wollte dabei mit dem Slogan "Unsere Flaschen verdienen Ihr Vertrauen" werben. Dies könne zu Missverständnissen führen, so der Elternbeirat.

Flexi-Minister

Die bayerische Landesschülervertretung hat vorgeschlagen, für Kultusminister Flexi-Amtsperioden einzuführen. Besonders reformfreudige Minister dürften demnach das Ministeramt in ein bis zwei Jahren, konservative G9-Befürworter hingegen in zehn bis fünfzehn Jahren durchlaufen.

Und nun zur bildungspolitischen Wettervorhersage:

Zunächst die Lage:

Zwischen einem Hochdruckgebiet mit Kern über München und einem Sturmtief über Schleswig-Holstein strömen bipolare Störungen in das Vorhersagegebiet.

Die Vorhersage für Bayern im Einzelnen:

Im Norden Bayerns kann es vereinzelt Aufheiterungen geben, insgesamt herrscht jedoch starke Bewölkung vor mit örtlich auftretender Niedergeschlagenheit. Südlich der Donau bleibt es tagsüber meist neblig-trüb, vereinzelt spontan örtlich auftretende Sturmböen können die Nebeldecke nicht verdrängen. Achtung Geisterfahrer: Die Sichtweite beträgt teilweise weniger als ein Schuljahr. Auch tagsüber bewegen sich die Temperaturen im leichten bis mäßigen Frustbereich.

Die weiteren Aussichten:

Bis zum Halbjahr keine wesentlichen Änderungen; aufgrund der großen Streuung der Ergebnisse der Wettermodelle ist leider noch keine langfristige Prognose möglich.

Berichte aus der Kultusministerkonferenz

„Die Welt ist ein Irrenhaus, aber hier ist die Zentrale"

(Alte Pädagogen-Weisheit)

Notenkorrektur

Die Tatsache, dass immer mehr Abiturienten mit der Traumnote 1,0 abschließen, hat die Kultusministerkonferenz auf den Plan gerufen. Wie deren Pressesprecher soeben mitteilte, wollen die Kultusminister Maßnahmen ergreifen, die diesen Trend stoppen sollen. Als aussichtsreichste Maßnahme werde derzeit diskutiert, Noten besser als 1,0 einzuführen. Der Präsident der deutschen Hochschulrektorenkonferenz signalisierte bereits Zustimmung und forderte die Hochschulen auf, diese offensichtlich besonders begabten jungen Menschen in entsprechenden Propädeutika mit der deutschen Schriftsprache vertraut zu machen.

Salomonische Lösung

Nach wiederholten Irritationen über die Verwendung des Taschenrechners im Mathe-Abitur haben sich die deutschen Kultusminister darauf verständigt, dass bei allen Teilaufgaben des Abiturs nur mit defekten Taschenrechnern gearbeitet werden dürfe. Dies sei ein fairer Kompromiss, so der Sprecher der KMK.

Sprachförderung I

Die Kultusministerkonferenz berät über einen Antrag Berlins, künftig im Fach Deutsch zweisprachige Duden "Kiezdeutsch-Hochdeutsch" als Hilfsmittel zuzulassen.

Sprachförderung II

Spickzettel dürfen künftig nicht mehr konfisziert werden, wenn sie in korrektem Deutsch abgefasst sind. Diese Maßnahme solle die Sprachkompetenz der Kinder stärken, so die KMK.

Neue Abitur-Modalitäten

Im Fach Mathematik sollen künftig zu einem Teil der Abituraufgaben die Lösungen mitgeliefert und den Schülern während der Prüfung ausgehändigt werden. Die eigentliche Herausforderung solle dann darin bestehen, die Lösungen den richtigen Aufgaben zuzuordnen. Ob eine Begründung für die Zuordnung eingefordert werden solle, stehe noch offen, so der Pressesprecher der KMK.

Total neutral

Die Kultusministerkonferenz hat ihre Überlegungen zur praktischen Umsetzung der Verpflichtung zu sexueller Neutralität der Lehrkräfte konkretisiert (*wir berichteten*). Demnach dürfen Lehrkräfte nur noch in geschlechtlich neutraler Kleidung und vollständiger Kopfverhüllung sowie verstellter Stimme unterrichten.

Oberstufenreform

Wie aus Kreisen der Kultusministerkonferenz verlautet, soll es künftig bundesweit ein siebenjähriges Gymnasium mit anschließender Kollegstufe geben. Diese Kollegstufe soll dann von Gymnasialpädagogen und Hochschuldozenten gemeinsam betreut werden und mit dem BIE (Bachelor of illusory Education) abschließen. Zwischen Gymnasium und Kollegstufe steht demnach dann auch keine Abiturprüfung, sondern lediglich eine Bildungsplanungsempfehlung. Des Weiteren wird überlegt, auch Handwerkern mit Gesellenbrief das Hochschulstudium zu ermöglichen.

Das Letzte

Ein empörter Vater sagte einmal zu mir:

„…Und Sie wollen Lehrer sein?!"

Meine ehrliche Antwort:

Nö. Wollte ich nie. Aber für Musiker mit herausragendem Examen, summ-cum-laude-Promotion, mehreren hundert Konzerten, etlichen Rundfunkaufnahmen, drei hochkarätigen Stipendien, zahllosen Publikationen, Rückgrat und Familie scheint es in Deutschland kaum eine andere Verwendung zu geben, von der man langfristig leben kann. Das legen zumindest mehr als zwei Jahrzehnte voller Bewerbungen auf verschiedenste Stellen nahe.

Auch das ist Satire. Bittere Satire.

Aber hätte ich Erfolg gehabt, hätte es dieses Büchlein wohl nie gegeben. Sie wissen also, was zu tun ist, damit hiervon keine

Fortsetzung folgt…

Das Letzte

Ein langjähriger Vater sagte einmal zu mir:

„Und Sie wollen Lehrer sein?"

Meine Antwort lautete:

„Na, wollen Sie mal. Aber für Magister mit herausragendem Examen, summa cum laude Promotion, Doktoren augenblicklich ohne Stelle, Forschungsaufenthalten und Buchpublikationen, zahllosen Publikationen, Ruf ins In- und Familie scheint es in Deutschland kaum eine andere Verwendung zu geben, von der man langfristig leben kann. Das gegen zu mindestens mir nie zwei Jahrzehnte voller Bewerbung mit verschiedenste Stellen bote."

Auch das ist „Retro"-Deutschland.

Aber nein, ich Ende gemeint, hätte es dieses Bärchen wohl nie gegeben. Sie wissen also, wer es ist, dem ich hier zu danke.

Petra Lamprecht.

66

…leider…

…sicher…

…höchstwahrscheinlich…

…aber erst nächstes Schuljahr…

…ganz bestimmt…

…irgendwann…